MASTER THE RUSSIAN ALPHABET

A Handwriting Practice Workbook

Perfect your calligraphy skills and dominate the Russian script

by Lang Workbooks

Important Legal Information:

This workbook is a labor of love. Accordingly, if you are a teacher, a student of Russian, or homeschooling your children, *I grant you the non-commercial right to photocopy any part of this workbook for your own, or your students, personal use.*

All further rights are reserved © 2019.

ISBN: 9781692363840

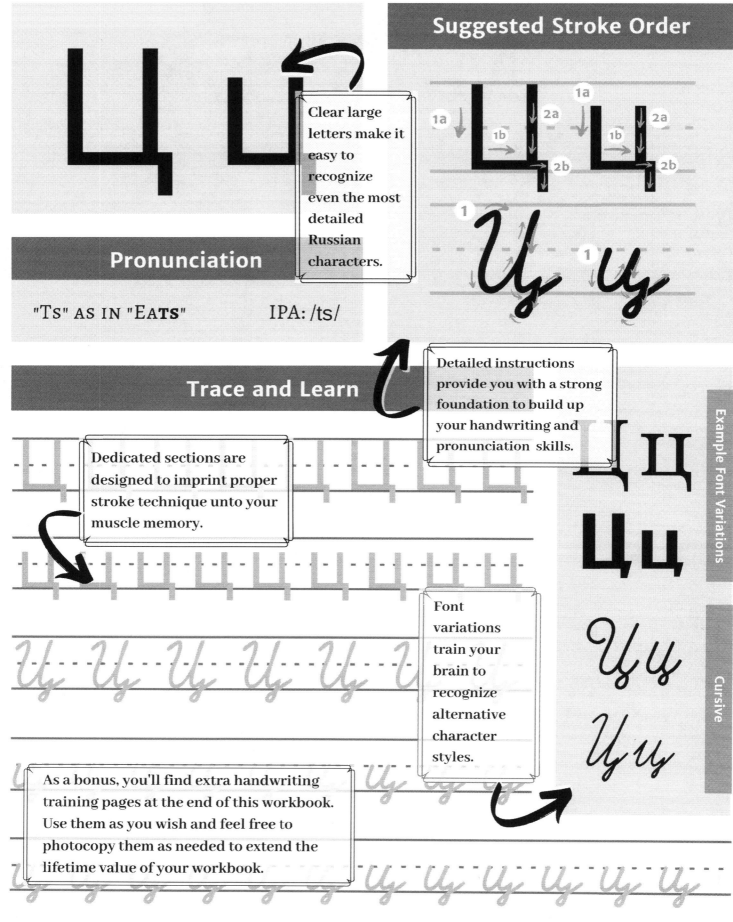

Suggested Stroke Order

Clear large letters make it easy to recognize even the most detailed Russian characters.

Pronunciation

"Ts" AS IN "EaTS"   IPA: /ts/

Trace and Learn

Detailed instructions provide you with a strong foundation to build up your handwriting and pronunciation skills.

Dedicated sections are designed to imprint proper stroke technique unto your muscle memory.

Font variations train your brain to recognize alternative character styles.

As a bonus, you'll find extra handwriting training pages at the end of this workbook. Use them as you wish and feel free to photocopy them as needed to extend the lifetime value of your workbook.

Example Font Variations

Cursive

Workbook Index

· · · · · · · · · · · · · · · · · · · ·

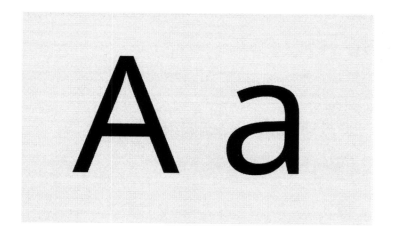

Pronunciation

"A" AS IN "FATHER"   IPA: /a/

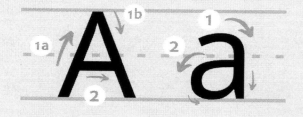

Trace and Learn

A A A A A A A A A A

a a a a a a a a a a a

A A A A A A A A A

a a a a a a a a a a a a

a a a a a a a a a a a a a a a a a

Example Font Variations

Aa

Aa

Aa

Cursive

Aa

A A A A A A A A A A A

A

A

A

a a a a a a a a a a a a a

a

a

a

a

$\mathscr{A}$ $\mathscr{A}$ $\mathscr{A}$ $\mathscr{A}$ $\mathscr{A}$ $\mathscr{A}$ $\mathscr{A}$ $\mathscr{A}$ $\mathscr{A}$ $\mathscr{A}$ $\mathscr{A}$ $\mathscr{A}$

$\mathscr{A}$

$\mathscr{A}$

$\mathscr{A}$

a a a a a a a a a a a a a a a a

a

a

a

a

Б б

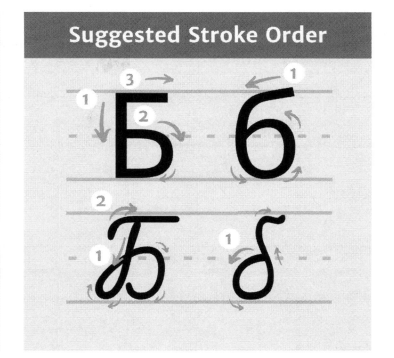

Pronunciation

"B" AS IN "**B**AD"   IPA: /b/ OR /bʲ/

Trace and Learn

Б Б Б Б Б Б Б Б Б Б

б б б б б б б б б б

Б Б Б Б Б Б Б Б

б б б б б б б б б б

Example Font Variations

Бб
Бб

Cursive

Бб
Бб

7

Б Б Б Б Б Б Б Б Б Б Б Б

Б

Б

Б

б б б б б б б б б б б б

б

б

б

б

B b

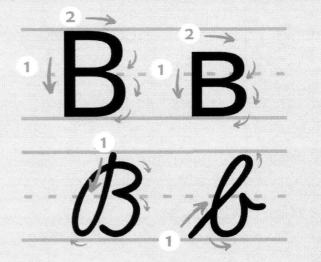

"V" AS IN "**V**INE"   IPA: /v/ OR /vi/

Trace and Learn

B B B B B B B B B

B B B B B B B B B

ℬ ℬ ℬ ℬ ℬ ℬ ℬ ℬ

b b b b b b b b b b

b b b b b b b b b b b b b b b

Bʙ

Bʙ

ℬb

ℬb

Example Font Variations

Cursive

$\mathcal{B}$ $\mathcal{B}$ $\mathcal{B}$ $\mathcal{B}$ $\mathcal{B}$ $\mathcal{B}$ $\mathcal{B}$ $\mathcal{B}$ $\mathcal{B}$ $\mathcal{B}$ $\mathcal{B}$ $\mathcal{B}$ $\mathcal{B}$

$\mathcal{B}$

$\mathcal{B}$

$\mathcal{B}$

b b b b b b b b b b b b b

b

b

b

b

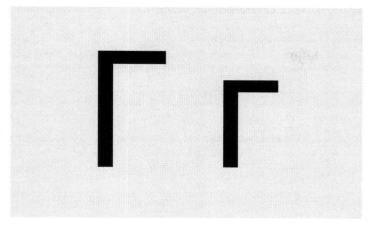

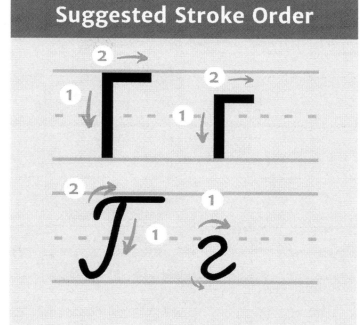

Pronunciation

"G" AS IN "**G**REAT"   IPA: /g/ OR /gʲ/

Trace and Learn

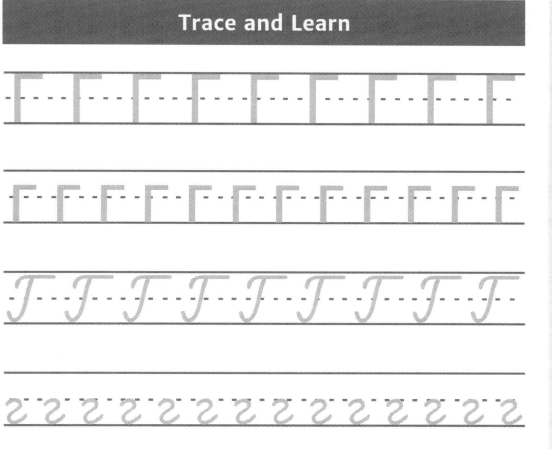

Гг

Гг

Pronunciation

"D" AS IN "**D**OG" IPA: /d/ OR /dʲ/

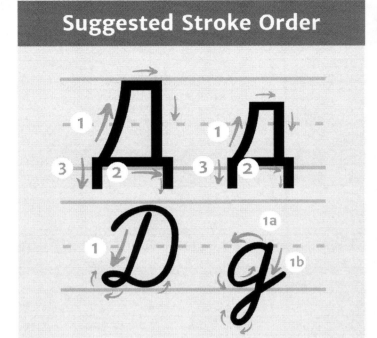

Trace and Learn

Дд
Дд

Example Font Variations

Cursive

𝒟g
𝒟g

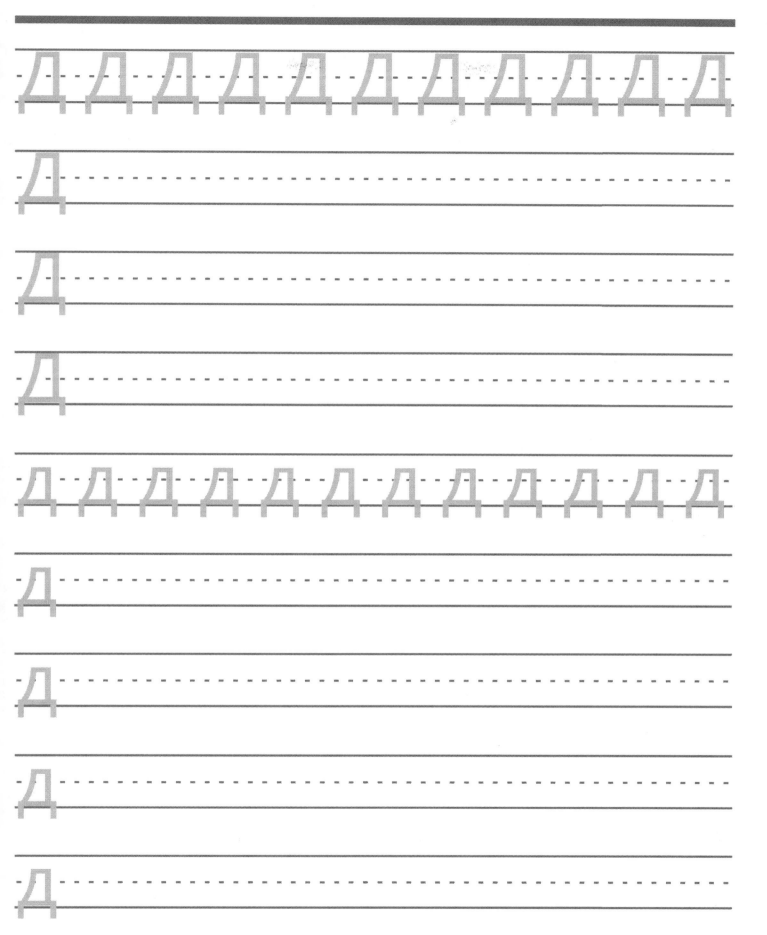

D D D D D D D D D D D D

D

D

D

g g g g g g g g g g g g g

g

g

g

g

E e

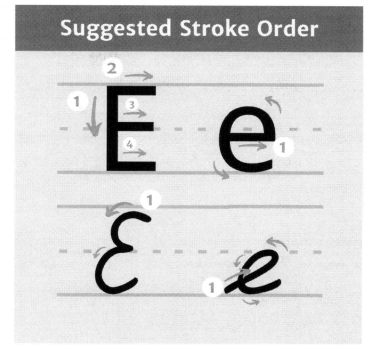

Pronunciation

"E" AS IN "**YE**T"
IPA: /je/, /ʲe/ OR /e/

Trace and Learn

E-E-E-E-E-E-E-E-E-E

e-e-e-e-e-e-e-e-e-e-e

Ɛ-Ɛ-Ɛ-Ɛ-Ɛ-Ɛ-Ɛ-Ɛ-Ɛ-Ɛ

ℓ ℓ ℓ ℓ ℓ ℓ ℓ ℓ ℓ ℓ ℓ

ℓ ℓ ℓ ℓ ℓ ℓ ℓ ℓ ℓ ℓ ℓ ℓ ℓ

Ee

Ee

Ee

Ee

Example Font Variations

Cursive

E E E E E E E E E E E E

E

E

E

e e e e e e e e e e e e e e

e

e

e

e

Ё ё

Pronunciation

"YO" AS IN "**YO**UR"   IPA: /ʲo/ OR /jo/

Trace and Learn

Example Font Variations

Cursive

Ё ë

Ё ë

Ё̈ ë̈

Ё̈ ë̈

Ё Ё Ё Ё Ё Ё Ё Ё Ё Ё Ё Ё

Ё

Ё

Ё

ё ё ё ё ё ё ё ё ё ё ё ё

ё

ё

ё

ё

Ĕ Ĕ Ĕ Ĕ Ĕ Ĕ Ĕ Ĕ Ĕ Ĕ Ĕ Ĕ Ĕ Ĕ Ĕ Ĕ

Ĕ

Ĕ

Ĕ

ĕ ĕ ĕ ĕ ĕ ĕ ĕ ĕ ĕ ĕ ĕ ĕ ĕ ĕ ĕ

ĕ

ĕ

ℓ

ℓ

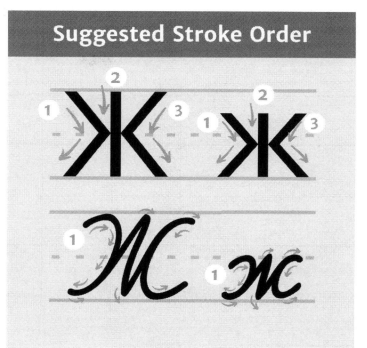

Pronunciation

"S" AS IN "PLEASURE"   IPA: /ʒ/

Trace and Learn

Example Font Variations

Жж
Жж

Cursive

Жж
Жж

Ж Ж Ж Ж Ж Ж Ж Ж Ж

Ж

Ж

Ж

Ж Ж Ж Ж Ж Ж Ж Ж Ж

Ж

Ж

Ж

Ж

3 3

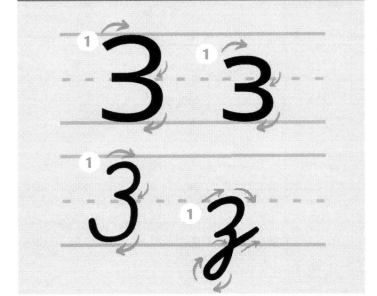

Pronunciation

"Z" AS IN "ZOO"   IPA: /z/ OR /zⁱ/

Trace and Learn

3 3 3 3 3 3 3 3 3

3 3 3 3 3 3 3 3 3

3 3 3 3 3 3 3 3 3 3

z z z z z z z z z z

z z z z z z z z z z z z z

Example Font Variations

3 3

3 3

Cursive

3 z

3 z

3 3 3 3 3 3 3 3 3 3 3 3

3

3

3

3 3 3 3 3 3 3 3 3 3 3 3

3

3

3

3

3 3 3 3 3 3 3 3 3 3 3 3 3 3 3

3

3

3

3 3 3 3 3 3 3 3 3 3 3 3 3 3 3

3

3

3

3

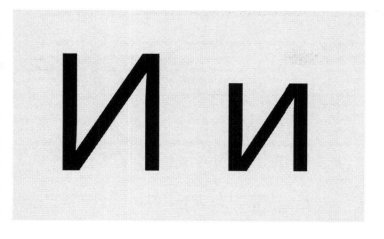

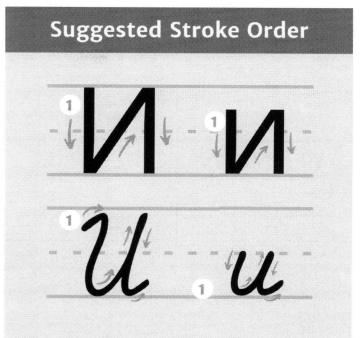

Pronunciation

"I" AS IN "POLICE"
IPA: /i/, /ji/ OR /ɨ/

Trace and Learn

Ии

Ии

Ии

Ии

ИИИИИИИИИИИИИИИ

И

И

И

ИИИИИИИИИИИИИИ

И

И

И

И

$\mathcal{U}$ $\mathcal{U}$ $\mathcal{U}$ $\mathcal{U}$ $\mathcal{U}$ $\mathcal{U}$ $\mathcal{U}$ $\mathcal{U}$ $\mathcal{U}$ $\mathcal{U}$ $\mathcal{U}$ $\mathcal{U}$ $\mathcal{U}$

$\mathcal{U}$

$\mathcal{U}$

$\mathcal{U}$

$\mathcal{U}$ $\mathcal{U}$ $\mathcal{U}$ $\mathcal{U}$ $\mathcal{U}$ $\mathcal{U}$ $\mathcal{U}$ $\mathcal{U}$ $\mathcal{U}$ $\mathcal{U}$ $\mathcal{U}$ $\mathcal{U}$ $\mathcal{U}$ $\mathcal{U}$ $\mathcal{U}$ $\mathcal{U}$

$\mathcal{U}$

$\mathcal{U}$

$\mathcal{U}$

$\mathcal{U}$

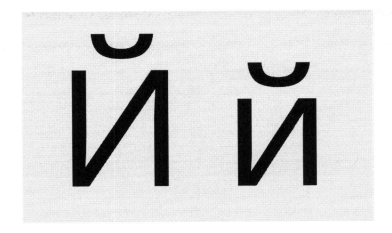

Suggested Stroke Order

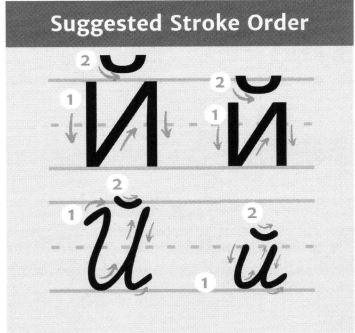

Pronunciation

"Y" AS IN "TOY"   IPA: /j/

Trace and Learn

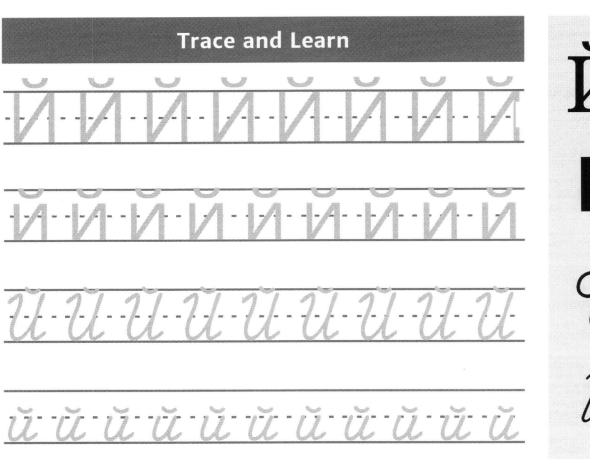

Example Font Variations

Cursive

Йй

Йй

Йй

Йй

ЙЙЙЙЙЙЙЙЙЙЙ

Й

Й

Й

ЙЙЙЙЙЙЙЙЙЙЙЙЙ

Й

Й

Й

Й

Ŭ Ŭ Ŭ Ŭ Ŭ Ŭ Ŭ Ŭ Ŭ Ŭ Ŭ Ŭ Ŭ

Ŭ

Ŭ

Ŭ

ŭ ŭ ŭ ŭ ŭ ŭ ŭ ŭ ŭ ŭ ŭ ŭ ŭ ŭ ŭ ŭ ŭ ŭ

ŭ

ŭ

ŭ

ŭ

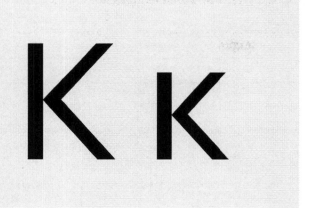

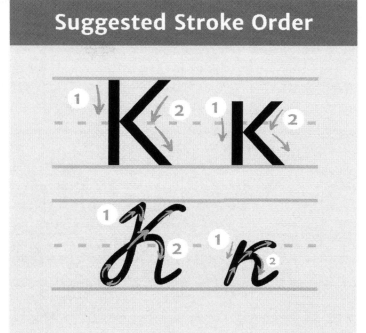

Pronunciation

"C" AS IN "**C**AT"   IPA: /k/ OR /kj/

Trace and Learn

KKKKKKKKK

KKKKKKKKK

KKKKKKKKKK

KKKKKKKKKKK

KKKKKKKKKKKKKKKK

Example Font Variations

Cursive

Kĸ

Kĸ

𝒦 к

𝓀 к

K K K K K K K K K K K K

K

K

K

K K K K K K K K K K K K K

K

K

K

K

𝒦 𝒦 𝒦 𝒦 𝒦 𝒦 𝒦 𝒦 𝒦 𝒦 𝒦 𝒦 𝒦

𝒦

𝒦

𝒦

𝓀 𝓀 𝓀 𝓀 𝓀 𝓀 𝓀 𝓀 𝓀 𝓀 𝓀 𝓀 𝓀 𝓀 𝓀 𝓀

𝓀

𝓀

𝓀

𝓀

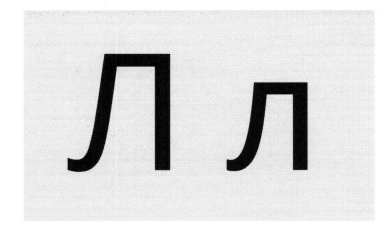

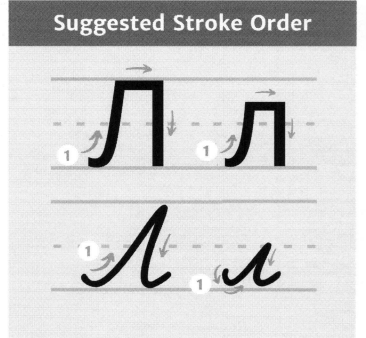

Pronunciation

"L" AS IN "**L**OVE"   IPA: /ɫ/ OR /lʲ/

Trace and Learn

Л Л Л Л Л Л Л Л Л Л Л Л

Л

Л

Л

Л Л Л Л Л Л Л Л Л Л Л Л

Л

Л

Л

Л

Л Л Л Л Л Л Л Л Л Л Л Л Л Л Л

Л

Л

Л

л л л л л л л л л л л л л л л л

л

л

л

л

M m

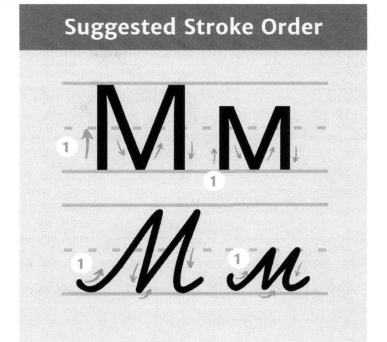

Pronunciation

"M" AS IN "MUCH" IPA: /m/ OR /mʲ/

Trace and Learn

M M M M M M M M

M M M M M M M M M

M M M M M M M M

M M M M M M M M M M

M M M M M M M M M M M M M M M

Example Font Variations

Mм

Mм

Cursive

Мм

М м

MMMMMMMMMM

M

M

M

MMMMMMMMMMM

M

M

M

M

$\mathcal{M}$ $\mathcal{M}$ $\mathcal{M}$ $\mathcal{M}$ $\mathcal{M}$ $\mathcal{M}$ $\mathcal{M}$ $\mathcal{M}$ $\mathcal{M}$

$\mathcal{M}$

$\mathcal{M}$

$\mathcal{M}$

$\mathcal{M}$ $\mathcal{M}$ $\mathcal{M}$ $\mathcal{M}$ $\mathcal{M}$ $\mathcal{M}$ $\mathcal{M}$ $\mathcal{M}$ $\mathcal{M}$ $\mathcal{M}$ $\mathcal{M}$

$\mathcal{M}$

$\mathcal{M}$

$\mathcal{M}$

$\mathcal{M}$

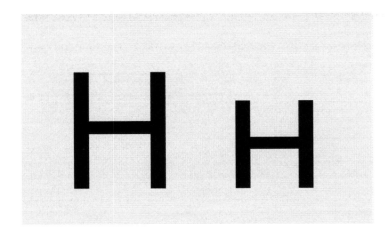

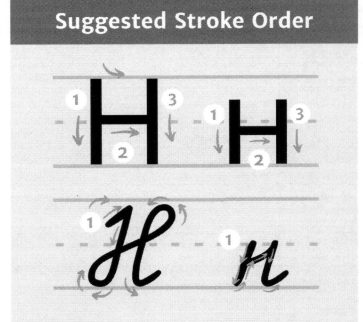

Pronunciation

"N" AS IN "**N**OTE"   IPA: /n/ OR /nʲ/

Trace and Learn

Example Font Variations

Hн

Hн

Cursive

Hн

Hн

𝓗 𝓗 𝓗 𝓗 𝓗 𝓗 𝓗 𝓗 𝓗 𝓗 𝓗 𝓗

𝓗

𝓗

𝓗

𝓗 𝓗 𝓗 𝓗 𝓗 𝓗 𝓗 𝓗 𝓗 𝓗 𝓗 𝓗 𝓗 𝓗 𝓗 𝓗

𝓱

𝓱

𝓱

𝓱

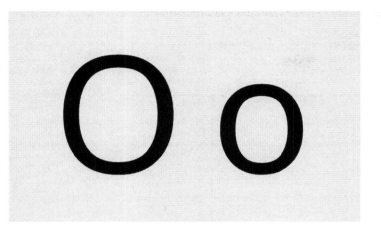

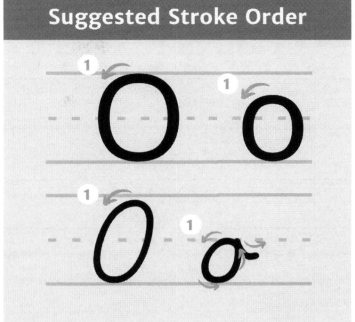

Pronunciation

"O" AS IN "MORE"   IPA: /o/

Trace and Learn

O O O O O O O O

O O O O O O O O O O

O O O O O O O O O O

σ σ σ σ σ σ σ σ σ σ σ

Example Font Variations

O o
O o

Cursive

O o
O o

σ σ σ σ σ σ σ σ σ σ σ σ σ σ σ σ σ

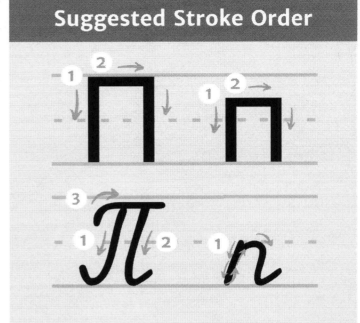

Pronunciation

"P" AS IN "**P**LACE"   IPA: /p/ OR /pʲ/

Trace and Learn

ЛЛЛЛЛЛЛЛЛЛЛЛ

Л

Л

Л

ллллллллллллллл

л

л

л

л

P p

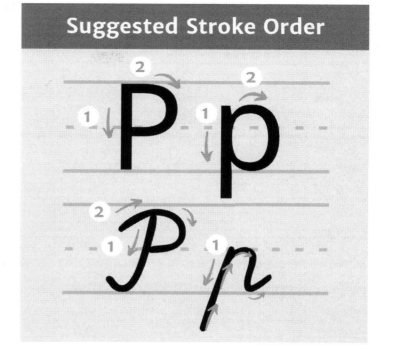

Pronunciation

ROLLED "R" AS IN THE ITALIAN WORD "**R**AGAZZI"   IPA: /r/ OR /rʲ/

Trace and Learn

P·P·P·P·P·P·P·P·P·P

p·p·p·p·p·p·p·p·p·p

P·P·P·P·P·P·P·P·P·P

Example Font Variations

Pp
Pp

Cursive

𝒫𝓅
𝒫𝓅

55

P P P P P P P P P P

P

P

P

p p p p p p p p p p p

p

p

p

p

P P P P P P P P P P P P

P

P

P

p p p p p p p p p p p p p

p

p

p

p

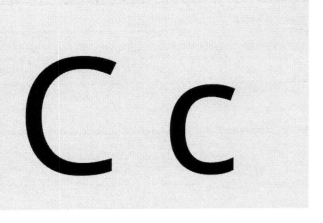

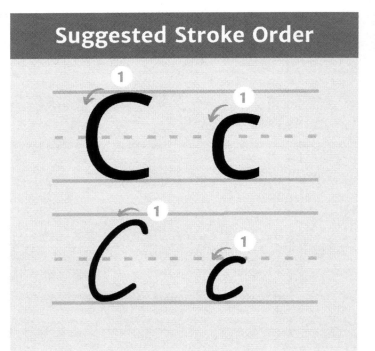

Pronunciation

"S" AS IN "**S**UN"   IPA: /s/ OR /sʲ/

Trace and Learn

C C C C C C C C C C

C C C C C C C C C C C

C C C C C C C C C C

C C C C C C C C C C C

C C C C C C C C C C C C C C C C C C

Example Font Variations

Cc

Cc

Cursive

Cc

Cc

C C C C C C C C C C C C C

C

C

C

C C C C C C C C C C C C C C C C C

C

C

C

C

C C C C C C C C C C C C C C

C

C

C

C C C C C C C C C C C C C C C C C

C

C

C

C

T

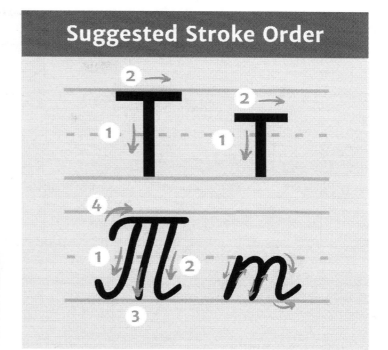

Pronunciation

"T" AS IN "**T**OP"   IPA: /t/ OR /tj/

Trace and Learn

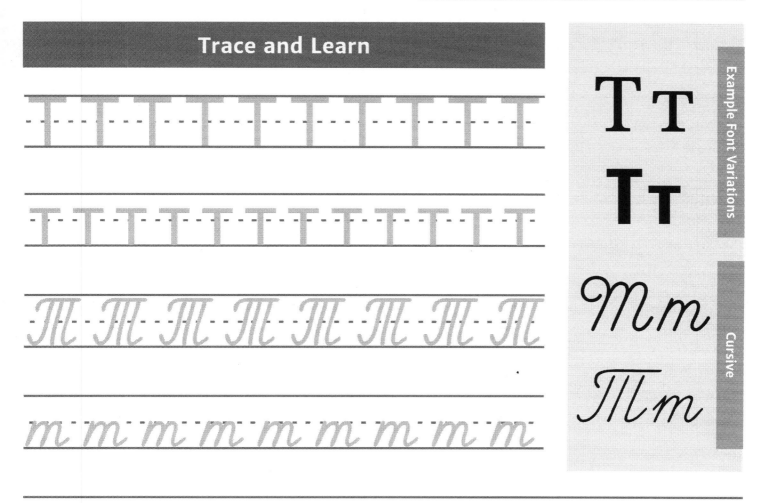

Example Font Variations

T T
T T

Cursive

M m
ℳ m

61

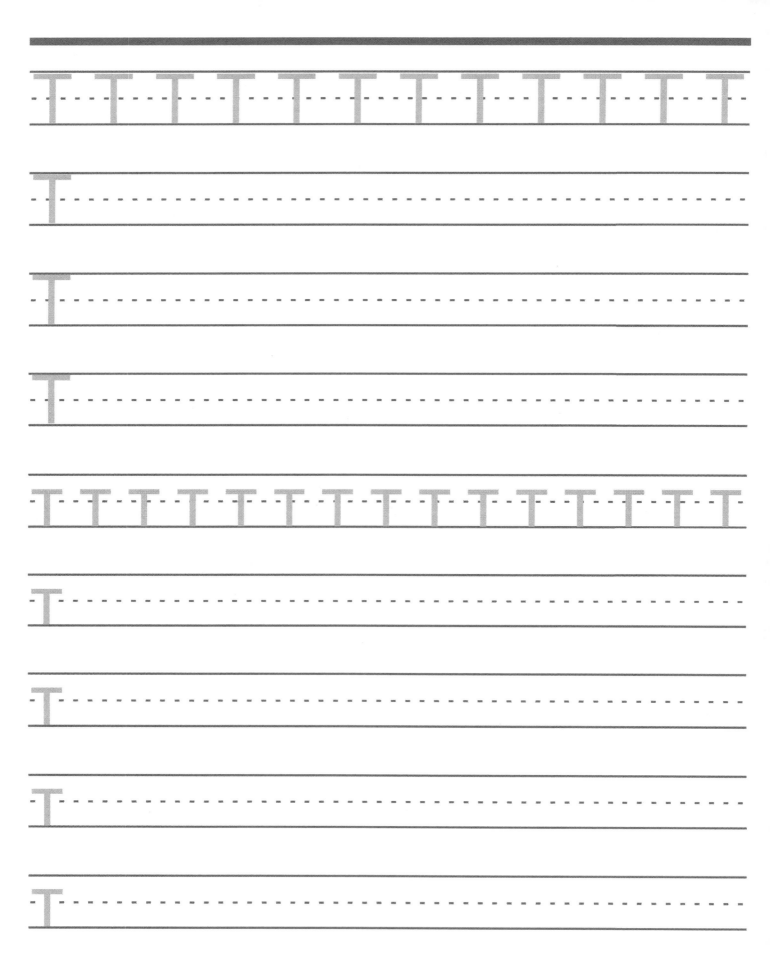

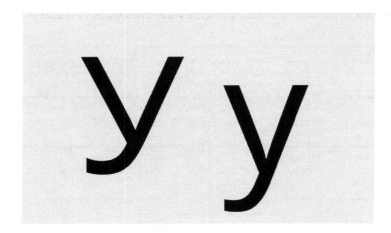

Pronunciation

"Oo" as in "Spoon"   IPA: /u/

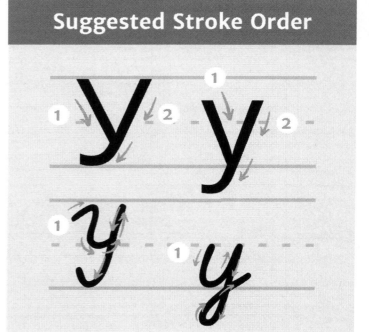

Trace and Learn

y y y y y y y y y y

y y y y y y y y y y

y y y y y y y y y y

y y y y y y y y y y y y

y y y y y y y y y y y y y

Example Font Variations

Yy
Yy

Cursive

Yy
Yy

y y y y y y y y y y y y y

y

y

y

y y y y y y y y y y y y y y

y

y

y

y

y y y y y y y y y y y y y y y y

y

y

y

Y Y Y Y Y Y Y Y Y Y Y Y Y Y Y Y

Y

Y

Y

Y

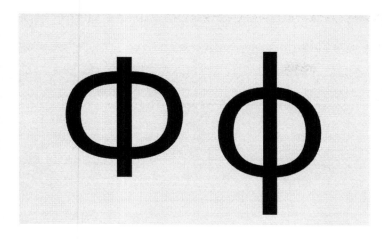

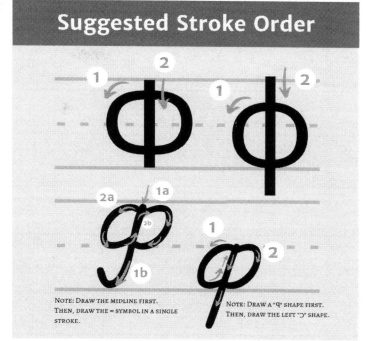

NOTE: DRAW THE MIDLINE FIRST. THEN, DRAW THE ∞ SYMBOL IN A SINGLE STROKE.

NOTE: DRAW A "q" SHAPE FIRST. THEN, DRAW THE LEFT "Ɔ" SHAPE.

Pronunciation

"F" AS IN "FOOT"   IPA: /f/ OR /fj/

Trace and Learn

Example Font Variations

ΦΦ

ΦΦ

Cursive

φφ
φφ

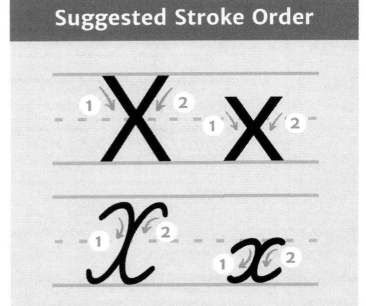

Pronunciation

"CH" AS IN THE GERMAN NAME
"BaCH"   IPA: /x/ OR /xʲ/

Trace and Learn

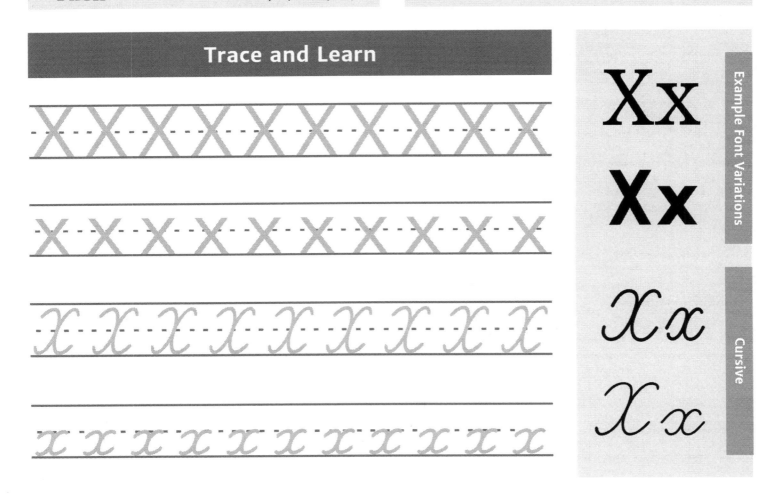

Example Font Variations

Xx

Xx

Cursive

Xx

Xx

XXXXXXXXXXXXXX

X

X

X

XXXXXXXXXXXXX

X

X

X

X

x x x x x x x x x x x

x

x

x

x x x x x x x x x x x x

x

x

x

x

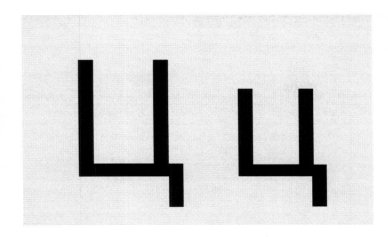

Pronunciation

"Ts" as in "Ea**ts**" IPA: /ts/

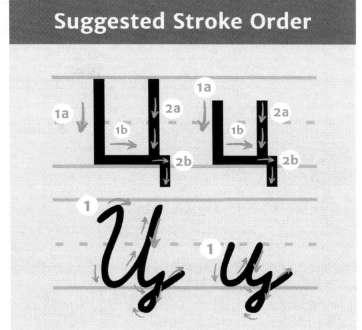

Trace and Learn

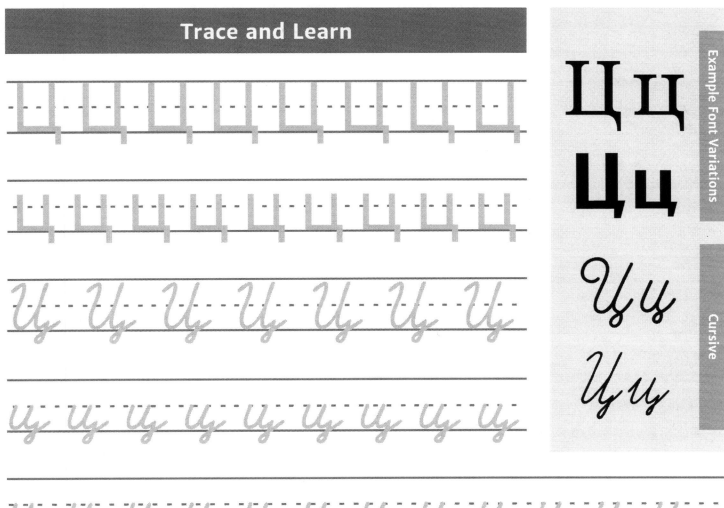

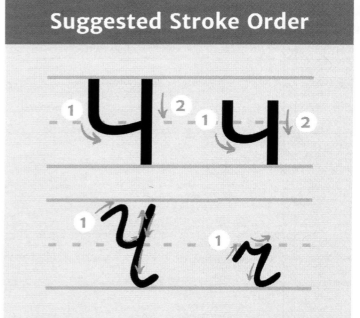

Pronunciation

"CH" AS IN "**CH**AT"   IPA: /tɕ/

Trace and Learn

Ч ч

Ч ч

Example Font Variations

Cursive

Ч Ч Ч Ч Ч Ч Ч Ч Ч Ч Ч Ч Ч Ч Ч

Ч

Ч

Ч

ч ч ч ч ч ч ч ч ч ч ч ч ч ч ч ч ч

ч

ч

ч

ч

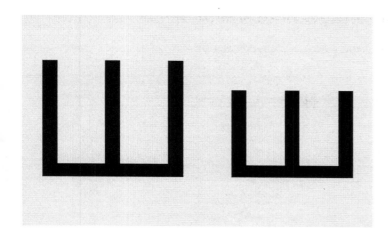

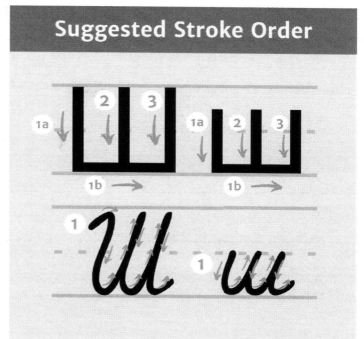

Pronunciation

"SH" AS IN "SHARK"   IPA: /ʂ/

Trace and Learn

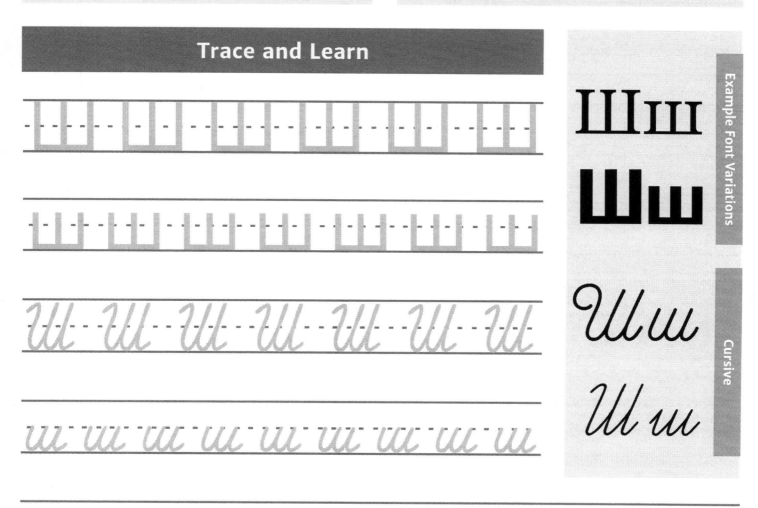

Example Font Variations

Cursive

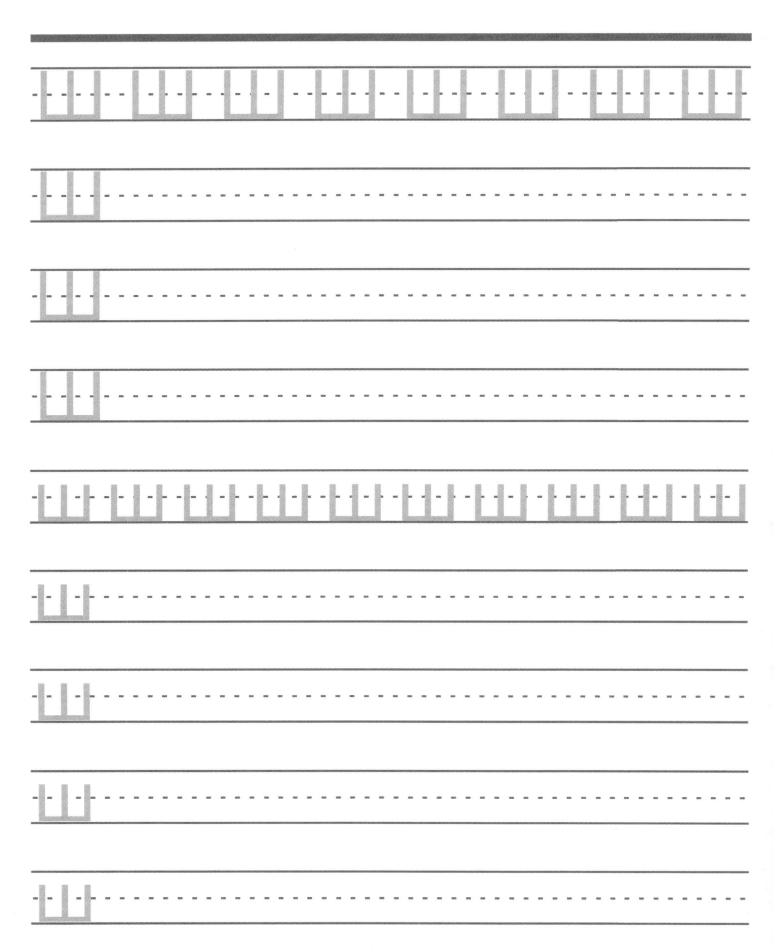

𝓤𝓾 𝓤𝓾 𝓤𝓾 𝓤𝓾 𝓤𝓾 𝓤𝓾 𝓤𝓾 𝓤𝓾 𝓤𝓾 𝓤𝓾

𝓤𝓾

𝓤𝓾

𝓤𝓾

𝓾𝓾 𝓾𝓾 𝓾𝓾 𝓾𝓾 𝓾𝓾 𝓾𝓾 𝓾𝓾 𝓾𝓾 𝓾𝓾 𝓾𝓾

𝓾𝓾

𝓾𝓾

𝓾𝓾

𝓾𝓾

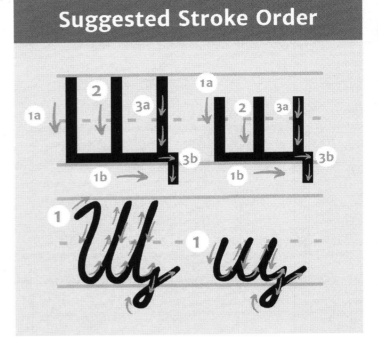

Pronunciation

"SH" AS IN "**SH**UT"   IPA: /ɕɕ/

Trace and Learn

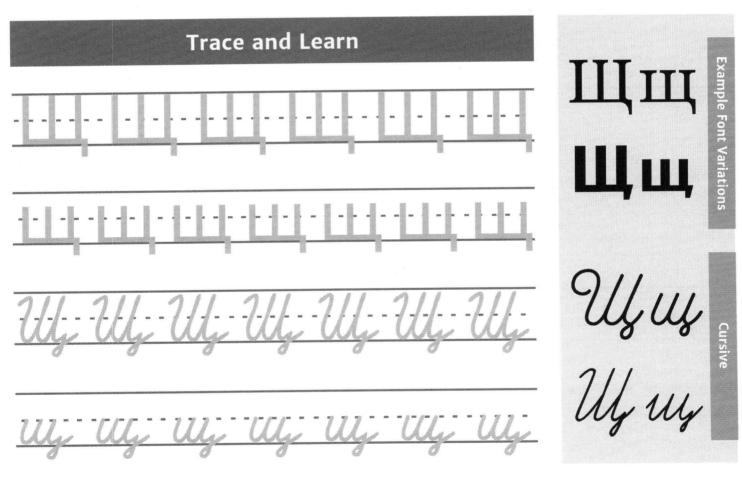

Example Font Variations

Cursive

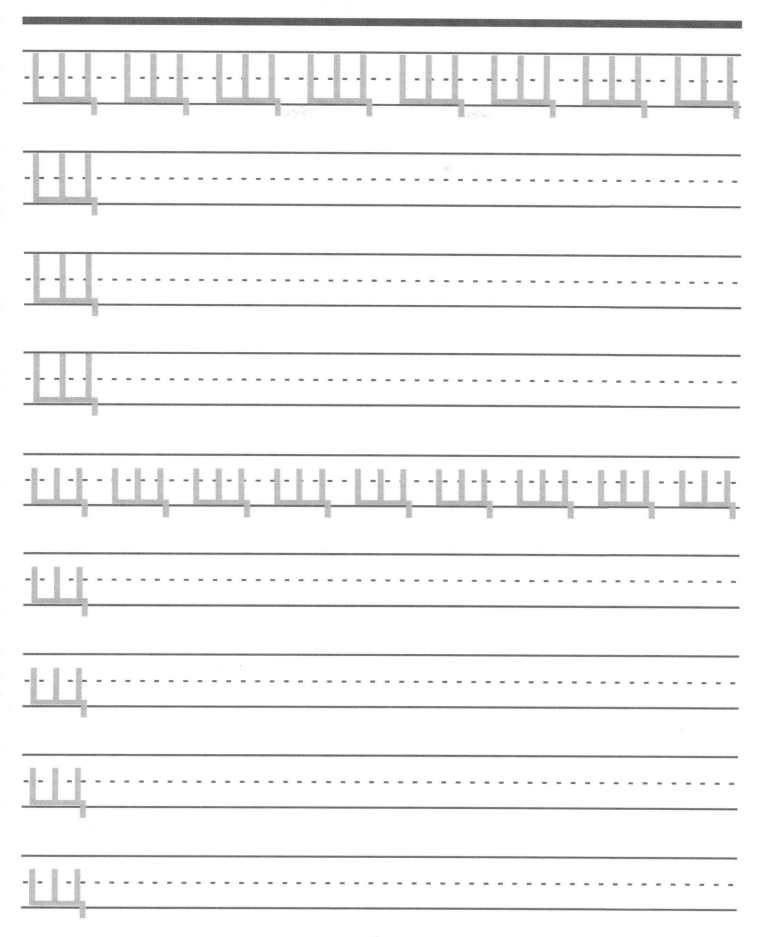

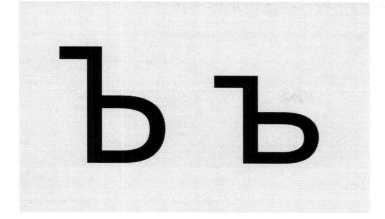

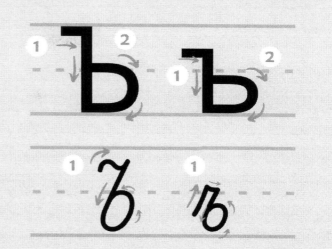

Pronunciation

Ъ IS NOT PRONOUNCED. IT MODIFIES THE PRONUNCIATION OF THE PRECEDING LETTER, PREVENTING PALATALIZATION. IT'S KNOWN AS THE "HARD SIGN".

Trace and Learn

Ъ Ъ Ъ Ъ Ъ Ъ Ъ Ъ

ъ ъ ъ ъ ъ ъ ъ ъ ъ

ъ ъ ъ ъ ъ ъ ъ ъ ъ ъ ъ

ъ ъ ъ ъ ъ ъ ъ ъ ъ ъ ъ ъ

ъ ъ ъ ъ ъ ъ ъ ъ ъ ъ ъ ъ ъ

Example Font Variations

Ъ Ъ

Ъ ъ

Cursive

Ъ ъ

ъ ъ

ზ ზ ზ ზ ზ ზ ზ ზ ზ ზ ზ ზ ზ ზ ზ

ზ

ზ

ზ

ჼზ ჼზ ჼზ ჼზ ჼზ ჼზ ჼზ ჼზ ჼზ ჼზ ჼზ ჼზ ჼზ ჼზ ჼზ

ჼზ

ჼზ

ჼზ

ჼზ

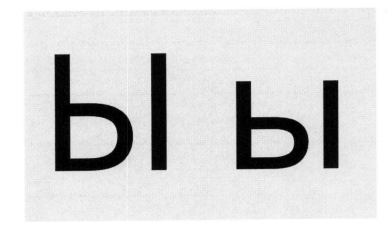

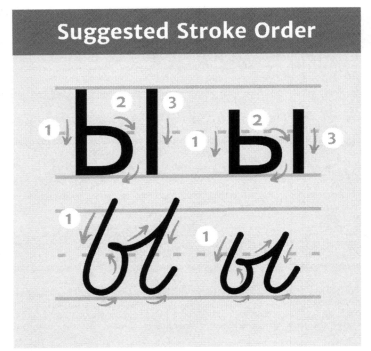

Pronunciation

"I" AS IN "HIT"   IPA: /ɨ/

Trace and Learn

Ы Ы Ы Ы Ы Ы Ы Ы Ы Ы Ы

Ы Ы Ы Ы Ы Ы Ы Ы Ы

ы ы ы ы ы ы ы ы ы

ы ы ы ы ы ы ы ы ы ы ы ы ы

ы ы ы ы ы ы ы ы ы ы ы ы ы ы ы ы ы ы ы ы

Ы ы

Ы ы

Example Font Variations

ы ы

ы ы

Cursive

ЫІ ЫІ ЫІ ЫІ ЫІ ЫІ ЫІ ЫІ ЫІ ЫІ

ЫІ -

ЫІ -

ЫІ -

ЫІ ЫІ ЫІ ЫІ ЫІ ЫІ ЫІ ЫІ ЫІ ЫІ

ЫІ -

ЫІ -

ЫІ -

ЫІ -

bt bt bt bt bt bt bt bt bt bt bt

bt

bt

bt

bt bt bt bt bt bt bt bt bt bt bt bt

bt

bt

bt

bt

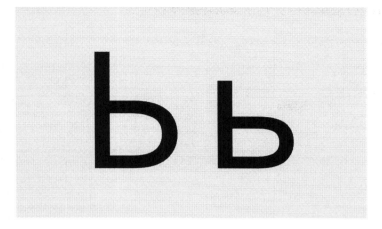

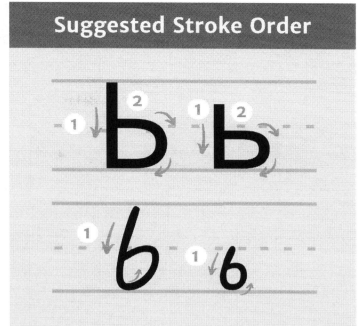

Pronunciation

Ь IS NOT PRONOUNCED. IT INDICATES US THAT THE PRECEDING LETTER SHOULD BE PALATALIZED. IT'S KNOWN AS THE "SOFT SIGN"

IPA: /j/

Trace and Learn

Example Font Variations

Ьь

Ьь

Cursive

ьь

ьь

ь ь ь ь ь ь ь ь ь ь ь ь ь

ь -

ь -

ь -

ь ь ь ь ь ь ь ь ь ь ь ь ь ь ь

ь -

ь -

ь -

ь -

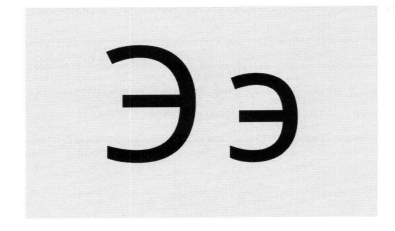

Pronunciation

"E" as in "Set"　　　IPA: /e/

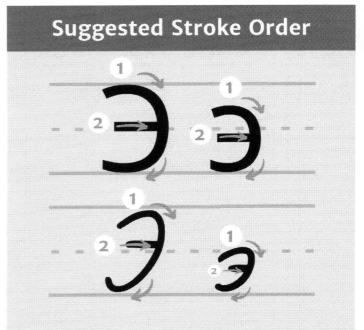

Trace and Learn

Ээ

Ээ

Ээ

Э э

Example Font Variations

Cursive

Э Э Э Э Э Э Э Э Э Э Э Э Э Э Э Э Э

Э

Э

Э

Э Э Э Э Э Э Э Э Э Э Э Э Э Э Э Э Э Э Э Э

Э

Э

Э

Э

Юю

Pronunciation

"U" as in "Universe"   IPA: / ju / or / iu /

Trace and Learn

Ю Ю Ю Ю Ю Ю

Ю Ю Ю Ю Ю Ю

Ю Ю Ю Ю Ю Ю

Ю Ю Ю Ю Ю Ю Ю Ю Ю ю

Ю Ю Ю Ю Ю Ю Ю Ю Ю Ю Ю Ю Ю

Example Font Variations

Cursive

Юю

Юю

Юю

Юю

Ю Ю Ю Ю Ю Ю Ю Ю Ю Ю

Ю

Ю

Ю

ю ю ю ю ю ю ю ю ю ю ю ю ю ю

ю

ю

ю

ю

Я

Pronunciation

"YA" AS IN "**YA**RD"   IPA: /ja/ OR /ʲa/

Trace and Learn

Я Я Я Я Я Я Я Я

Я Я Я Я Я Я Я Я

Я Я Я Я Я Я Я Я

я я я я я я я я я я я

я я я я я я я я я я я я я я я

Example Font Variations

Я я

Я я

Я я

Я я

Cursive

ЯЯЯЯЯЯЯЯЯЯ

Я

Я

Я

ЯЯЯЯЯЯЯЯЯЯ

Я

Я

Я

Я

Я Я Я Я Я Я Я Я Я Я Я

Я

Я

Я

я я я я я я я я я я я

я

я

я

я

Made in the USA
Coppell, TX
25 August 2020

34890255R00061